이·선·관·詩·99·選

어머니

어머니

지은이 / 이 선 관
발 행 인 / 김 윤 태
발 행 처 / 도서출판 善

등록번호 / 15-201
등록날짜 / 1995. 3. 27

초판 제1쇄 인쇄 2004. 4. 1
초판 제1쇄 발행 2004. 4. 5
초판 제2쇄 발행 2004. 5. 5

주　　소 / 서울시 종로구 낙원동 111-3
　　　　　청자빌딩 405호
전　　화 / 762-3335
팩　　스 / 762-3371

책　　값 / 9,000원

ISBN 89-86509-38-5 03810

이·선·관·詩·99·選

어머니

|책을 내면서|

나이 육십에 시선집이 나오게 된 이야기

　이 해가 가기 한 달 전 삼십 년 넘게 끈끈한 인연으로 맺어온 채규철 선생한테서 한밤중에 느닷없이 전화가 걸려왔다.
　선관이 지금까지 발표된 작품에서 99편을 엄선하여 자기한테 보내주면 당신이 주선할 테니 선집을 내자는 것이다.
　그리하여 부랴부랴 저자 혼자서는 객관성이 부족할 것 같기에 후배 시인 이소리 군과 의논하여 99편을 엄선한 것이다.
　폐일언하고
　선집이 나오는 데 힘써 주신 모든 이웃님들에게 고개 숙여 고맙습니다 인사드립니다.

2004년 새해를 맞이하여
이선관

｜차 례｜

책을 내면서 │ 5

어머니 · 9

어머니 1 11 │ 어머니 2 12 │ 어머니 3 14

어머니 4 15 │ 어머니 5 17 │ 어머니 6 18

어머니 7 20 │ 어머니 8 22 │ 어머니 9 24

어머니 10 25 │ 어머니 11 26 │ 어머니 12 28

어머니 15 30 │ 어머니 16 31 │ 어머니 17 34

어머니 18 36 │ 어머니 19 38

목소리만 들어도 좋은 사람 · 39

살이 살과 닿는다는 것은 41

목소리만 들어도 좋은 사람 42

당신의 이선관 43 │ 사랑은 44 │ 모닥불 45

여자로 만든 남자 46 │ 또 다른 이별연습 48

생명은 하나입니다 · 49

독수대 1 51 | 독수대 2 52 | 독수대 3 54 | 독수대 4 55

독수대 5 56 | 손톱을 깎는다 57 | 생명은 하나입니다 58

열 명의 넝마주이가 59 | 불감증 60 | 산성비 61

흙의 생리를 아시나요 62 | 땅의 혁명을 63

마산은 항구지만 바다는 없다 64 | 꽃씨 하나 65

체르노빌 1 66 | 다음 문제는 지구촌입니다 67

답은 하나입니다 68 | 배추흰나비를 보았습니다 69

아무도 없네 70 | 귀뚜라미 71

우리 동네 쥐가 보이지 않네요 72

만약 통일이 온다면 이렇게 왔으면 좋겠다 · 73

누구나 알 수 있는 이야기 75 | 사람 잡는 영화 76

한반도라는 것은 78 | 그녀는 79 | 아 나도 알고 보니 80

남철이와 북순이 81 | 만국기 82 | 정말로 소도 가는데 84

이산가족 중의 한 사람이 85

만약 통일이 온다면 이렇게 왔으면 좋겠다 86 | 남남북녀 87

여보야 우리 같이 살자 88

밥, 그 밥 한 그릇의 사랑이여 용서여 89

지구촌에 하나 남는 당신 90 | 먹이와 미끼 91

이 땅의 점령군 92 | 별이 많이 생겨났네요 93

전쟁만큼은 예술이 아니에요 94 | 전갈 95

엇 먹어라 엇 먹어라 · 97

서울 99 | 무제 유제 1 100 | 유감 101
또 하나의 도그머 102 | 편지 103
엇먹어라 엇먹어라 104 | 시인 천상병 106 | 지구 107
사람다웁게 108 | 약 109 | 이발소 주인 박씨 110
마산 그 창동의 허새비 112
우리는 오늘 그대 곁으로 간다 114 | 없다 117
짝수라는 숫자보다 홀수라는 숫자가 118
이제는 나도 서정시를 쓰고 싶다 119 | 신문과 신문지 120

말을 해야 해요 · 121

부인 123 | 창동 네거리 Ⅲ 124 | 나는 126
4월 127 | 나는 시인인가 128 | 번개식당을 아시나요 130
그이는 132 | 말을 해야 해요 134 | 인간선언 136
애국자 139 | 헌법 제1조 140 | 저항 141 | 소인들 142
지금 우리들의 손에는 143 | 침묵시위 144 | 수의 146
사라진 낱말 하나 147

이선관 시집에 붙이는 글 | 149
이선관의 사랑법 | 155

어머니

어머니 1

어머님!
불혹의 나이도 중반으로 접어든 제가
돌아가신 지 14년째나 되는
어머님을 새삼스레 부르며
어머님 세 글자를 또박또박 써보는 것은
어머님의 자궁에서 태어난
그 원초적 그리움 때문만도 아닌,
이제는 당당하게 두 녀석의
아비가 되어 가난하게 살면서도
부끄러움 아닌 자신감으로
어느 자리에서든 당당하게
글을 쓸 수 있다는, 아아 뜨겁게
노래할 수 있다는 마음 때문입니다.

어머니 2

어머님!
경기도 평택군 서성리에서
무남독녀 외동딸로 고이 자라
연안 이씨 저희 집으로 시집 오신 뒤
제 누나 낳으신 두 해 만에
저를 낳으시고 무척 기뻐했지요
당시의 저는 갓난아이라
기억엔 없지만, 그해 유행하던
백일해에 먹일 탕약을
누나는 한 숟가락,
저는 반 숟가락 먹었는데
누나보다 저항력이 약한 저는
그만 숨이 넘어갔더랬지요
놀란 어머님 저를 안으시고
이 의원 저 의원 찾아다니시다
가망 없다는 말 듣고 돌아오셔서
하루 꼬박 눕혀 놓고 한없이 울었었죠
한참 만에 체념한 어머님
땅에 묻기 전 마지막으로
젖이나 먹이자고 가슴 풀어헤쳐

퉁퉁 불은 젖꼭지 물리셨지요
그러자 이거 웬일,
기적 같은 일에 어머님의 눈물 젖은
눈동자가 환하게 빛났지요
입에 물린 젖꼭지가 확 빨려드는
그 기적 같은 생명의 힘으로
다시 태어난 그날의 저는
선관이라는 이름 말고도
지체부자유라는 서러운 이름을
또 하나 얻게 되었습니다.

어머니 3

어머님!
소생할 가망이 없다가
다시 깨어난 저는
자라면서부터
목을 잘 가누지 못했고,
말을 잘 하지 못했고,
걸음을 잘 걷지 못했지요
침도 쑥뜸도 탕약도 전기치료도
백방의 모든 치료도 소용이 없자
자식을 이렇게 만든 건
오로지 당신 죄라고
어머님은 교회에 나가셨고,
아버님 또한 술에 취하신 날은
애비가 잘못해 이렇게 되었다고
용서하라고 우시곤 하였습니다
철 모를 때의 저는
아버지가 왜 저렇게 우시는지,
어머니는 왜 교회에 나가
밤 새워 기도를 하시는지,
돌아오실 적엔 눈이 퉁퉁 부어
오시는 지를 몰랐습니다.

어머니 4

어머님
어머님은 제가 취학연령이 되자 2학년까지
할머니와 번갈아 업고서는 학교에 보내셨지요
그렇게 꼬박꼬박 업고 다녀서
개근상이나 정근상을 받게 하셨지요
그러나 애들의 놀림감으로 돼버리는 바람에
저는 공부는 하지 않았습니다.
아버지가 극장에서 일하시는 덕으로
시내 극장이란 극장은 죄다 돌아다니면서
오직 영화 보는 데만 소년시절을 보내었습니다
왜 영화 보기를 좋아했냐 하면
몇 시간 동안
제 몸이 남에게 보이지 않기 때문이었습니다
재미있는 영화는 서부영화였습니다
백인이나 기병대가
인디언과 악당을 죽이는 일이었습니다
언제나 혼자서 어두운 장내에서 화면을 보면서
좋아라고 박수를 치곤 했습니다
지금 생각하면 참 어리석은 좋아함이었습니다
미국이라는 나라가 늦게나마

아름다운 미자의 미국이 아니라는
생각까지 말입니다.

어머니 5

어머님
그러다가 시간은 또 가고
저는 고등학교를 졸업하고
술도 마시게 되었으며
담배도 피우게 되었으며
여전히 열등감은 더 심화되었으며
3·15와 4·19와 5·16이 일어났고
이때부터 차츰 자신의 변화가
일어나는 것을 느끼곤 하였습니다.
닥치는 대로 책을 보게 되었고
들쑥날쑥 제 감정은 왔다갔다 했으며
그래도 저는
한 가닥의 일관된 감정을 가지게 되었습니다.
포기는 하지 말 것이며
어느 정도의 체념을 하는 것이
살아가는 데 필요한 것이구나 하고
저의 개똥철학이랄까
정립하려고 노력하였습니다.

어머니 6

어머님
영국의 철학자 버틀란드 러셀이라는 분의
글을 읽은 적이 있습니다.
자서전적인 에세이라고 하더군요
열등감을 많이 가진 자일수록
자기 발전에 원동력을 준다고 말입니다
그리고 마르린 부머라는 분의 저서
〈너와 나의 관계〉라는 글에서
많은 감동을 받았습니다
인간은 누구나 다 동등하다는 것
그리고 신과 인간과의 관계도
수평선상에서 중심점을 구원의 지점이라면
저쪽의 신은 그 중심점으로 오며
이쪽의 인간도 그 중심점을 향해 가는
바로 그 중심점에서 만나는 순간
인간 구원의 역사가
이루어질 수 있지 않겠느냐는 것입니다.
그러니까 인간과 인간과의, 인간과 신과의 관계는
수직선 관계가 아니라
수평적 관계라고 볼 수 있습니다

어머님
이렇게 성장하는 저를
다만 성한 몸이 아니기 때문에
과잉보호를 하려고 했습니다
그때마다 저는 어머님은 저보다 먼저 돌아가신다고
그러면 그때는 어머님 없는 이 험한 세상을
과잉보호를 받았던 제가 어떻게 살아나가겠느냐고
머리가 커지면
형제도 친척도 눈치 보기 마련 아니냐고
이런 마음이 다 나쁜 마음이냐고
어머님의 가슴을 아프게 해드린 적이
한두 번이 아니었습니다
어머님

어머니 7

어머님
처음으로 어머님한테 나약한 이야기를 해야겠습니다
가장 강인하고 가장 냉정하고 가장 눈물이 없고
(상대방에 대해서는 눈물이 많습니다만)
가장 착했든 제가
정말 어머님이 제 곁에 계셔준다면
어머님의 젖도 만져보고 싶고
어머님의 가슴팍에 파묻고
한번 실컷 울어도 보고 싶습니다
그러나 어머니
제 어깨가 무거워 옴을 느낍니다
저 녀석들의 엄마가 제 울타리에서 뛰쳐나간 지가
어언 3년째가 됩니다.
그동안 앞으로도 그러하겠지만
두 아이에게
엄한 아버지가 되어야 하고
정이 많은 아버지가 되어야 하고
가루비누를 만지는 파출부가 되어야 하고
모든 것을 알고 있는 스승이 되어야 하고
서투른 주방장이 되어야 합니다

몇 달 전까지만 하더라도
아침저녁 부엌에 들어갈 때마다
우리들 곁을 떠난 그 여자를 향해
씨발× 씨발× 하면서
미운 감정이 가실 줄 몰랐지만
그래도 그 미운 감정을 없애보려고
동시를 써볼까도 생각해 보았습니다.
그러나 시간이 흘러가 버리고
건강한 아이를 낳아주었다는
그 하나만으로 고마운 마음이
일어나게 합니다.
어머니

어머니 8

어머님
6·25동란이 일어났습니다.
동족상잔이란 비극적인 일이 말입니다
제가 다니는 초등학교는 군에서 접수하여 군병원이 되었고
저 멀리서 포성이 들려 옵니다
식구가 많은 저의 집은
아버님의 직장은 임시 휴관을 하여 진동 쪽으로 나가셨고
외할머니와 어머님은 식량을 구하기 위해
20킬로나 떨어진 철원으로 떠나셨습니다.
새벽에 길을 떠나 저녁에는 돌아오마고 말씀하시고는
그러나 어쩐 일인지 밤이 되어도 돌아오지 않았습니다.
아버지는 새벽에 가시면 저녁 늦게야
미군이 주는 서너 개의 깡통을 들고 오십니다
그날 밤부터 내리는 비는 여름 장마비라
억수같이 쏟아지고 있었습니다
아버지와 뜬눈으로 밤을 지샌 저희들은
아침이 왔는데도 어떻게 수소문해 볼 방도조차 찾지 못했습니다

그 지역은 벌써 저쪽 군인들의 수중에
들어갔다는 것이었습니다
저희들은 울고 불고 아버지는 달래고는 하였습니다
아버지 역시 얼마나 초조해 하시는지
연달아 줄담배를 태웠더랬습니다
이틀 밤을 지내고 저녁 늦게 돌아온
할머니와 어머니의 머리 위에는
쌀 한 말과 보리쌀 두 말이 얹혀져 있었습니다
할머니의 품에서는 토종닭 한 마리가
눈을 멀뚱하게 뜨고 있었습니다
두 분의 몰골은 말이 아니었습니다
할머니가 말씀하신 이틀 밤하고 한나절의
경험담은 참으로 아슬아슬하였습니다
식량을 구한 두 분은 오던 길을 되돌아가려고 한참
오는데
도로는 이미 저쪽 군인들에 의해 차단돼 버렸고
산으로 산으로 하여 밤이면 바위 밑에서
억수 같은 비를 피하기도 하고
마침 토종닭 한 마리가 번갈아가며
온기를 보태주었다 합니다.

어머니 9

어머님
저에게 사춘기가 왔나 봅니다
어눌한 발음으로 말을 하지만
성대가 굵은 소리로 변하였고
턱에는 수염이 돋아나고
꿈속에는 몽정도 하곤 합니다
이 때부터 막연하게나마
반항기가 싹트기 시작했고
죽고도 싶었기에
유서를 써 놓고 집을 나간 적도 있었습니다
그러나 여전히 극장에 갔었고
여전히 혼자였고
어머님께 대든 적도 한두 번이 아니었습니다
아주 병적으로 열등감에서 헤어나지를 못했습니다.

어머니 10

어머님
제 고등학교 2학년 때의 일인 것 같습니다
학교에서 여행을 간다고 여행비를 가져오라고
저는 조금 더 추가하여 아버지께 말씀드렸습니다
며칠 후에 아버지는 그 돈을 마련해 주셨습니다
저는 그 돈을 학교에 내고
나머지 돈은 서점에 가서 책을 사보고 싶었습니다
난생 처음 책을 샀습니다
절름발이 시인 바이런 시집과 괴테 시인의 시집 말입니다
좋아라고 집으로 오니 아버지께서 대노하시어 꾸중을 하셨습니다
제딴에는 서러웠습니다
거짓말 한 건 잘못인 줄 알지만
나쁜 짓을 안 하고 책을 산 것이 무엇이 잘못이냐고
어머님께 화풀이하였습니다.

어머니 11

어머님
저 역시 대학물 맛을 보긴 보았습니다
고등학교 3학년 때의 일입니다
갑자기 대학에 가고 싶어졌습니다
담임 선생님께 편지를 썼습니다
담임 선생님께선 제 편지를 받아보시고
아버지를 만나보셨습니다
어떻게 설득을 하셨는지 반 승낙을 얻어냈습니다
그 당시 지방대학에는
등록금만 주면 쉽게 들어갈 때니깐요
그렇게 들어간 대학의 3학년 1학기 때였나 봅니다
1학기 등록금을 납기째에 내지 않아
중간고사를 치지 못했습니다
추가시험에 아버님이 어디서 구하셨는지
등록금을 주셨습니다
그러나 저는 그때 이렇게 생각했습니다
저 같은 놈이 대학을 나와 봐야 뭘 하겠는가
불현듯 그 생각이 나자
아버지가 주신 돈으로 책을 두 박스나 사버리고
남은 돈으로 돌아왔지만

가출하고 말았습니다.

어머니 12

어머님
어머님도 알고 있으리라 믿고 있습니다
저의 집에 고아원에서 자란 소녀가 왔지요
저의 집은 식구가 많아 가계를 도운다고 말입니다
저 보고는 오빠 오빠하고 잘 따랐습니다
저는 어떤 계기에서인지 몰라도
그 소녀의 부모를 찾아주기로 결심했습니다
1983년 KBS에서 이산가족 찾기 캠페인을 벌인
훨씬 전의 일이지만 마침 한국일보사에서
10만 고아 부모 찾아주기 캠페인을 벌이던 때입니다
저는 그 소녀의 어릴 적 기억을 소상히 적은 편지를
신문사에 사진과 같이 동봉하여 보냈습니다
그 소녀에게 기대를 하지 말라고 했지만
저는 은근히 기대를 하고 있었습니다
아니나 다를까 편지가 온 것입니다
그 소녀의 부모의 편지가 아니라 고모한테서였습니다
몇 번 편지가 오가고 하던 중
틀림없는 조카라고 하였습니다
어쩔 줄 모르게 기뻐하는 소녀를 보자
저 또한 기분이 좋았습니다

17년 만에 고모를 찾은 조카라고
한국일보 사회면에 3단 박스기사로
난 걸 보고 정말 기뻤습니다
그 소녀는 그 긴 머리를 잘라 팔아서
담배 두 갑을 사주더군요
그리고 소녀는 고모님이 계시는 고향으로 떠나갔습니다
물론 지금 저는 그 소녀의 얼굴도 이름도 잊어버린 지 오래되었지만요

어머니 15

어머님
여자애를 낳게 하려고 했지만
또 낳으면 또 사내라는 어르신들의 권유에
그만 낳기로 했습니다
큰애 이름은 완전 완 자에 완수라고 지었고
작은애 이름은 서울 경 자에 경수라 지었습니다
한글로 지으려고 했습니다만
큰아버님의 말씀에 순종하여
항렬을 따르기로 했습니다
3년 동안 저는 눈만 뜨면 잊어버리지 않고
의무적으로 기응환 한 알씩 먹이고 해서 그런지
아이들은 무럭무럭 자라 주었습니다.

어머니 16

어머님
제 하루의 일과는
극히 평범한 한 시민의 일과입니다
말하자면 이렇습니다
새벽 6시만 되면 여느 때와 같이
습관처럼 눈을 떠
아이들을 기상시킵니다
입시공부에 시험공부에
피로하게 보이는 아이들을 격려하면서
밥은 전기밥통이 있거든요
빨래는 세탁기로 하고요
반찬은 선창가에서 사오기도 하고요
내 아는 분의 사모님이 가끔 가져와
반찬 걱정은 안 하는 편입니다.
아이들은 하나님이 보호하사
무럭무럭 자라주고요
아이들은 저희들끼리 챙겨서
학교에 가고 나면
나는 텅빈 방, 허전한 가슴을
다시 이불을 덮고 한 시간의 새벽잠을

청하지요
그렇게 하다가 두 번째의 눈을 뜬 나는
머리를 감고 집을 나섭니다
내 후배가 경영하는 사무실에 들러
신문도 보고 차를 한 잔 마신 후
마산문협 회장이 경영하는
경남출판사에 들러
오늘도 나는 이상 없다라고
얼굴을 내밀고는
정오쯤 되어 아는 분을 만나거나
여하튼 점심을 맛있게 때우고는
나의 집 앞마당인 듯한
창동 네거리 그 반경 오백 미터를
한 바퀴 돌아
사립도서관인 책사랑
아니 나의 서재라 할 수 있는 책사랑에
가서 책을 보고는
그 책사랑 2층에 자리잡은
터전 소극장 유리동물원으로
아니 나의 응접실에 갑니다

거기서 나는 글도 쓰고 담소도 나누노라면
아이들이 돌아올 시간이 되기 전에
나는 일어섭니다
집으로 돌아가는 모퉁이에
고모령과 성광집이라는 간이역이 아닌
간이주점이 있습니다
거기서 나는 그냥 지나칠 수가 없기에
막걸리 두어 사발을 하고는
어느 새 발걸음은 시장통을 돌아
집으로 갑니다
집은 나에게 있어 잠만 자게 하는
안식처입니다
그러니깐 나의 일과는 특별하지 않고
이렇게 지나간답니다
마음 속으로 감사함을 느끼면서
말입니다
어머님

어머니 17

어머님
어머님보다 아버님이 좋습디다
이런 말을 한다고 어머님은 섭섭하게 생각하지 마십시오
어머님은 어머님이니깐요
초등학교 다닐 적 어느 날
아버님 호주머니에서 슬쩍 훔쳤을 때
아버님은 그 커다란 손바닥으로
저의 볼기를 때렸던 것을 기억합니다
한번은 미공보원에서 문둥이 시인
시인 한하운의 일대기를 영화로 하여 시사회를 한다고
선관이는 꼭 그 영화를 보라고 권유하신 적이 있습니다
아버님은 저하고는 아무런 대화를 가진 적이 없어도
아버님의 눈에서 모든 것을 읽을 수가 있었습니다
아버님이 돌아가신 후 간혹 아버님이 꿈에 보이면
그날은 그렇게 기분 좋은 날이었습니다
어머님
87년 여름방학이 끝나갑니다

서울 고모님 집으로 놀러간 녀석들이 내려올 때가 되었습니다
 자 이제 아이들이 내려오면
 다시 아이들과 같이 일상생활로 접어들 겁니다
 어머님

어머니 18

어머님
1991년도 구정이
얼마 남지 않은 어느 날입니다
여느 때와 같이 하루 일과를 마치고
집으로 향하는 길입니다
내 호주머니에는
항상 기만원의 돈이 들어있습니다.
알밤 같이 크는 아이들의
공부에 필요한 돈이기 때문입니다
나에게는 돈이 쓸 데가 없습니다
한 바퀴 돌아보면
이웃들의 후한 인심이 있기에
식사 대접
차 대접
막걸리 대접
담배 대접을
언제나 받기 때문입니다
어머님
집으로 가는 길목
부림시장 옷가게를 지나칩니다

그 곳의 한 가게엔
어머니 옷 전문점이 있습니다
나는 그 곳을 지나칠 때마다
어머님이 지금까지 살아계셔 주었다면
어머님에게
내 손으로 호주머니에 들어 있는
돈으로
옷을 한 벌 사다드리고 싶은
마음이 가셔지지 않습니다
어머님

어머니 19

어머님
불초 소자는 어머니를 향한
어머니 연작시 19로 당분간
쉴까 합니다
그렇다고 영 펜을 놓겠다는 건
어머니를 향한 불초 소자의
사랑의 농도는 매듭도 없이
끝없이 풀어지는 질긴 실타래 같기에
그리고 과거형도 미래형도 아닌
현재진행형이기 때문입니다
어머니
오늘 아침도 아이들이 학교에 간 뒤
늦잠에서 깨어난 나는
내 저고리와 신발이 없어진 걸
알았습니다만
나는 저으기 안심을 했습니다
큰녀석이 신고 입고 간 것을
알아차렸기 때문입니다
어머니

목소리만 들어도
좋은 사람

살이 살과 닿는다는 것은

살이 살과 닿는다는 것은
참 좋은 일이다
가령
손녀가 할아버지 등을 긁어 준다든지
갓난애가 어머니의 젖꼭지를 빤다든지
할머니가 손자 엉덩이를 툭툭 친다든지
지어미가 지아비의 발을 씻어 준다든지
사랑하는 연인끼리 입맞춤을 한다든지
이쪽 사람과 위쪽 사람이
악수를 오래도록 한다든지
아니
영원히 언제까지나 한다든지, 어찌됐든
살과 살이 닿는다는 것은
참 좋은 일이다.

목소리만 들어도 좋은 사람

나는 그에게
목소리만 들어도 좋은 사람이라 말해 주었습니다.
그는 내게
생각만 하여도 좋은 사람이라고 말했습니다
그래서 만났습니다 만나서
당신은 내가 사랑하는
마지막 사람이기를 바란다고 말해 주었습니다
그는 내게
내일이라도 예쁘고 착한 사람이 생기면
기쁜 마음으로 떠나주겠다고 말했습니다
나는 아니 아니 그럴 리 없다고 말해 주었습니다
그리하여 오늘도
목소리를 듣게 되고
생각도 하게 되고
만남도 가져 봅니다.

당신의 이선관

내 나이 육십이 되도록
내가 좋아하고
나를 좋아하는 사람은 많았습니다
다시는 좋아하는 사람 이상의 사람이
생기리라고는 생각지 못했습니다
나는 그에게 말해 주었습니다
살아 있다는 것에 대해 감사하고
이웃에게 고마워하고
기쁜 마음으로 일을 하며
건강하며
마음 변치 말기를
당신의 이선관

사랑은

당신과 나 둘이 아닌
그렇습니다
맞네요
하나입니다.

모닥불

어느 추운 겨울날 해거름 시각
어느 노년 한 분이
아내인 듯한 중년 여인의 손을 꼬옥 잡으며
따뜻하게 피어오르는 모닥불 앞에
다정하게 앉아 있는 모습을
부러운 눈으로 바라봅니다
나도 저렇게 해보고 싶다는 마음
아닙니다
그들 앞에서 서서히 불타 재만 남아
그 재마저 바람에 흩날리어
흔적 없음으로 하여
그렇게 되고 싶다는 마음

여자로 만든 남자

지금 밖에는 눈이 옵니다
매장에서는 사장님이요
교회에서는 집사님이요
집에서는 어머니요
남편 누구의 사모님이요
고객들 앞에서는 여사님이요
어디를 가든지 모임을 가지면 팀장이요
월 사오백을 거뜬히 벌어 들였던
여자 속의 남자처럼 살아온 여자
한번도 아줌마란 소리를 들어보지 못하고
탄탄대로 잘 나간 여자
하루 아침에 아이엠에프에 넘어져
쌓아놓은 모래성이 무너져 내렸는데
지금도 그 시절 못 잊어하며
미련 놓지 못하고 있는데
어느날 전혀 예상치 못했는데
과거를 되돌아보게 만들어 주고
자신을 되돌아보게 만들어 주고
자신이 여자라고 생각하게 만든 남자가
바로 나라고 이야기하더이다

지금 밖에는 계속 눈이 옵니다

또 다른 이별연습

임오년 그해 하반기에 내게 다가온
아름다운 이야기 몇 토막 중 하나
무릇 사람들은 살아 있는 동안 죽음이라는 단어 앞에서
항상 이별 연습을 하면서 살아갑니다
특별한 사람은 아니지만
또 다른 이별연습을 하는 사람이 있습니다
나 또한 예외일 수는 없습니다
내가 항상 지니고 다니는 투박한 질그릇에
물이 넘쳐나려 합니다
전혀 예상치 못한 일입니다
물이 넘쳐나기 전
아 질그릇이 넘치네요 하면서
이별연습을 하려 합니다
계미년 봄 화사한 복사꽃이 피기 전
이별연습을 아름답게 해야 할 것 같습니다
지금 나는 조그마한 가슴앓이을 하고 있는 중입니다

생명은 하나입니다

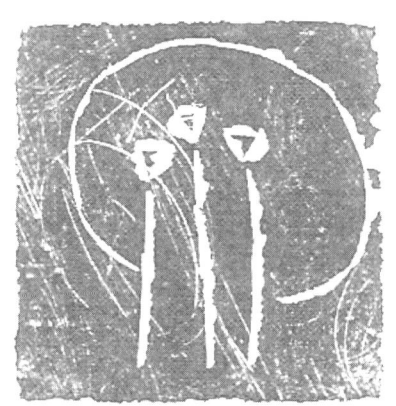

독수대 1

바다에서
둔탁한 소리가 난다.
이따이 이따이*

설익은 과일은
우박처럼 떨어져 내린다.
이따이 이따이

새벽잠을 설친 시민들의
눈꺼풀은 아직 열리지 않는다.
이따이 이따이

비에 젖은 현수막은
바람을 마시며 춤춘다.
이따이 이따이

아아
바다의 유언
이따이 이따이.

* 일본 삼정(三井)금속 광업소에서 나온 카드뮴에 오염된 병명. '아프다 아프다'란 뜻의 병.

독수대 2

어린교 아래로
빨간 물이 내려간다.
이따이 이따이

어린교 아래로
주황 물이 내려간다.
이따이 이따이

어린교 아래로
노란 물이 내려간다.
이따이 이따이

어린교 아래로
초록 물이 내려간다.
이따이 이따이

어린교 아래로
파란 물이 내려간다.
이따이 이따이

어린교 아래로

남색 물이 내려간다.
이따이 이따이

어린교 아래로
보라색 물이 내려간다.
이따이 이따이

어린교 아래로
이따이 이따이가 내려간다.
이따이 이따이

아아
언약의 무지개……!
이따이 이따이

독수대 3

나는 자연적이다
푸른 옷을 입고
짬뽕 옷을 입고
맨홀에 빠진 존재
나는 그림자다
맨홀에서 나오는
악령의 신음처럼
이따이 이따이는
빌딩 벽에
잿빛으로 번져 나간다.

독수대 4

금년 나이 22세
신장은 정확치 않으나 약 1m 정도.
체중은 정확하게 13.4kg
성별은 여자
물론 눈은 보이지 않음
들리지 않음
냄새 못 맡음
출생 후 지금까지 움직이지 못하고
줄곧 누워 있음
영혼, 영혼은 어머니의 자궁 속에 두고 나옴
나를 낳으시고 산모 조리도 제대로 못하신 어머님은
영혼 없는 나를 끌어안으시고 한없는 눈물
흘리신답니다
쉬지 않고 이따이 이따이
신음소리를 내는
나의 전신 끌어안으시고……!

독수대 5

그 옛날의 에덴 동산은
지구라고 알고 있습니다
하나밖에 없는 지구라니,
빌어먹을 이 지역이 방독면을 쓰고도
지나칠 수 없는 지역이 되지 않도록
....!
아멘.

손톱을 깎는다

손톱을 깎는다
이놈의 손톱이 자라나지 않게
할 수 없을까 하다가도
손톱을 깎는다
내 손톱도 깎고
두 녀석의 손톱도 깎아준다
그러다가 자라나지 않는 손톱은
손톱이 아니라는 걸 알고 만다
생명이 없다는 걸 알고 만다.

생명은 하나입니다

여기 이 지구촌에는
사람만이 그 소중한 생명을 지닌 것이 아니랍니다
산천초목도
산천초목 속에 사는 아주 조그마한
미물도 생명을 지니고
신비롭게 살아간답니다
그런데 사람의 생명과
하찮은 미물의 생명은 다르지 않고
똑같은 하나의 생명입니다
그런데도 만물의 영장이라고 하는
사람이 산천초목에 손만 대었다 하면
산천초목도 그 속에 사는 생명도
죽여놓으니
하기야 사람이 사람의 생명도
파리 목숨처럼 죽이는 세상이 되었습니다.

열 명의 넝마주이가

우리는 우리의 후손을 위해
생명을 가진 하나뿐인 지구를
잠시 빌려 살고 있다 합니다
그런데
생명을 가진 지구가
망가져 죽어가기 전에
한 사람의 의인이 필요로 하기보담
열 사람의 넝마주이가
절실히 필요로 할 때라고
생각합니다.

불감증

저승에서 말이다
흥부가 기가 막힌 이유는
봉이 김선달이 파안대소한 이유는
지금 이 땅의 사람들 모두
환경공해 불감증에
걸렸다는 것이다.

산성비

비가 내리면 비를 맞으며
나 홀로 정말이야 나 홀로 고독하게
어디든지 기약 없이 떠나고 싶다

제기랄
미친놈 지랄하네
지가 무슨 우주복을 입었다고

흙의 생리를 아시나요

땅
즉 흙의 생리를 아시나요
흙 속에 숨을 쉬게 하는 허파가
있다는 것을
그러니깐 일 년에 한두 번쯤은
잔인하게(?) 야멸차게(?) 아주 깊게 깊게
갈아엎어야 해요
그래야만이 말없는 흙 그 속에
심은 씨앗은
두엄과 공기와 햇빛을 마시고
튼튼하게 자라나 열매를 열게 해
주거던요
내가 마산 창신농업고등학교를
졸업하여 질소 인산 칼리를
안다는 것이 자랑이 아니라
이 사실은 극히 평범한 진리
진리

땅의 혁명을

급합니다 호흡이 점점 가빠옵니다
중환자가 될지 모르겠습니다
지금 당장 이 땅을 숨통을 터주어야 합니다
땅의 혁명을 해야 합니다
아아 땅의 혁명을

마산은 항구지만 바다는 없다

옛날 어느 외국인이
마산 바다를 보고는
태평양 연안에서는
북미의 샌프란시스코와
호주의 시드니 항에 버금가는
하늘이 주신 호수 같은 바다라고
말했다고 한다
광무 삼년 그러니까 천팔백구십구년
오월 일일 마산포는 삼 개국 이상의
힘 있는 국가들에 의해 국제 무역항으로
개항이 된 이래로
오늘도 마산은 항구다
그러나 마산에 바다는 없다
마산은 항구지만 바다는 없다
없다

꽃씨 하나

앗 저걸 보아라
어디서 날아왔을까
도심지에
나비 같이
날아온
민들레 꽃씨 하나
마침내 빌딩 벽 틈새에
사뿐히 내려앉은 연약한 생명
이번 겨울을 이겨내고는
오고야 말 봄에는
그곳에서
싹이 트고 꽃은 피겠지

체르노빌 1

아직까지도 체르노빌에는
사람이 살고 있다네
이주를 하지 못한 사람과
이주를 했다가 태어난 곳에서 죽겠다며
돌아온 사람이라네
그러나 그네들은 모두 영혼이 없다네
영혼은 이미 달아나고 없는
그림자 사람들이라네
그림자 사람 중의 남자 몸에는
살아있어야 될 고환 속의 정충이
죽어있다네
그림자 사람 중의 여자 몸에는 정충을
받아들일 애기집이 망가졌다네
황석영 씨의 글
그곳에 사람이 살고 있었네가 아니라
아직까지도 체르노빌에는
사람이 살고 있다네

다음 문제는 지구촌입니다

평생 동안 우리는
지구촌의 손님이라 생각해야 합니다
지구촌은 우리를 길러주고 품어주다가
죽음의 품속으로 우리를 거두어갑니다
그래서, 그러나, 그리하여
다시 문제는 지구촌입니다

답은 하나입니다

동식물의 죽살이의 문제의 답은
하나입니다
사람의 죽살이의 문제의 답도
하나입니다
죽살이의 낱말의 풀이는
모든 생물의 죽고 사는 문제라는 뜻입니다
그래서
동식물이나 사람이나
생명의 문제 즉 죽살이의 문제의 답은
하나인 것입니다
 - 아함경의 경전에 양두사 이야기

배추흰나비를 보았습니다

이천년 사월 십오일 봄의 중심에 왔군요
이날 오후 텔레비전에서 나오는
뉴스 시간이 끝난 후
다음 프로가 나가기 전 틈새에 자막이 나오는데
거기에서 나는 배추흰나비를 보았습니다
이삼십년 전만 하더라도
이 고장 변두리로 조금만 나가면 흔하게 볼 수 있는
그 배추흰나비 말입니다

아무도 없네   – 이천이년 삼월 삼짇날 4

오는 제비 없으니
가는 제비 없네

가는 사람 없으니
오는 사람 없네

귀뚜라미

여보게
자네 내가 사는 단칸방 부엌으로
언제 어떻게 들어왔는가
그날따라
목소리 한번 정말 우렁차더군
그러나 하루 지나니
그만 힘이 없더군
그리고 또 하루가 지나니
아예 소리조차 없더군
여보게
언제 어떻게 떠나갔는가

우리 동네 쥐가 보이지 않네요

불과 오륙 년 전만 해도
내 비록 단칸방이지만 방에 있으면
부엌에서 달그락 달그락 소리가 나곤 했지요
그리고 골목길로 나서면 하수구에서 나온
쥐 두어 마리가 도망치는 모습을 보곤 했지요
쥐라는 동물은 조금 혐오스러운 동물이지만
옛날부터 우리와 함께 살아왔지요
그런데 언제부터인가
우리 동네에 쥐가 한 마리도 보이지 않네요

만약 통일이 온다면 이렇게 왔으면 좋겠다

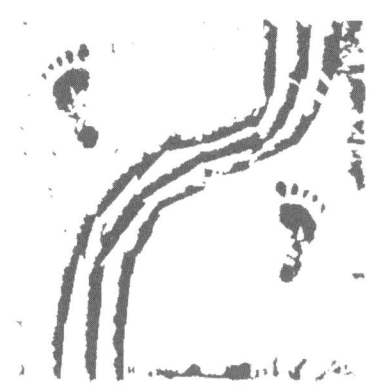

누구나 알 수 있는 이야기

지금까지 한반도는 한반도가 아닙니다
가령
북반도와 남반도가 더하기를 해야 하고
서반도와 동반도가 더하기를 해야 하고
그래야 한반도가 되는 것
아이 어른 할배 할매
이 땅에 사는 사람들은
누구나 알 수 있는 이야기가 아닙니까
그러나 그 누가 이렇게 이분법 사분법 팔분법
마치 도마 위에서 난도질을 하듯
했는지를 우리들은 알아요

사람 잡는 영화

아름다울 미자도 아니고
그렇다고 쌀미자도 아닌
꼬리미자로 불리어지는
미국이라는 나라에서 만들은
현대판 서부영화 람보를 보고
옛날 서부영화에도 백인들은
동양인(인디언)을 죽이더니만
이 영화에서도 동양인을 죽이는구나
아 언제까지 동양인은 그들의
밥이 될 것인가
최신식 무기 앞에 추풍낙엽처럼
떨어지는 목숨 목숨이여
그러나 봄이 돌아오면 잎은
다시 돋아나리니
아아 베트남에서 패전국이 된
아름다울 미자도 아니고
그렇다고 쌀미자도 아닌
꼬리미자로 불리어지는
그들이 만드는 현대판 서부영화
람보를 보고는 확실히

그들이 자위행위로 만들어진 것임을
알고 만다
성조기여 영원하라는 그 말이

한반도라는 것은

당신은 마산
마산은 이 땅이요
이 땅은 남반도요
남반도와 북반도가
합쳐져야
한반도라 하는 것이오

그녀는

그녀의 다리는 잘생긴
조선무 같기도 하고요
그녀는 꽃파는 처녀에 나오는
지순한 꽃분이 같기도 하고요
그녀는 남남북녀 말처럼
위쪽의 여인 같기도 하고요
그녀는 댓가없이 주기만 하는
욕심없는 여인 같기도 하고요
그녀는 아무런 말이 없이 내게 보인
두어 방울의 영롱한 눈물 같기도 하고요
그녀와의 시간은 아침 이슬처럼
사라져 간 순간 같기도 하고요

아 나도 알고 보니

주체사상을 지닌 사람은
한마디로 요약하자면
자주성과 창조성과 의식성을
지닌 사람으로 알고 있습니다
그러니깐 나는
타인들이 모방할 수 없는 글씨체로
타인들과 다른 자주성과 창조성과 의식성의
바탕 위에서
글을 쓰고 살아오는
아 알고 보니 나 역시
박홍 총장의 말마따나
주사파가 아닌가 의심하게 되었습니다

남철이와 북순이

남철이가
북순이를 사랑하려고 합니다
북순이가
남철이를 사랑하려고 합니다
그런데
시아버지와
시어머니 될 사람이 반대를 합니다
장인과 장모 될 사람이 반대를 합니다.

만국기

지구촌에는 내가 알기로도
아마 백칠십 개국이 넘는
독립된 나라가
있는 걸로 알고 있습니다
그 나라마다 자기 나라를 상징하는
국기를 가지고 있습니다.
미국은 성조기
일본은 일장기
우리는 태극기
국제적인 행사나 경축행사를
할 적에는 그 장소에 축복이라도
하듯이 만국기 즉 저마다의
국기가 펄럭입니다
그런데 참으로 이상도 한 것은
만국기가 펄럭이는 행사 때마다
유엔에 가입된
조선인민공화국기가 빠져 있다는 것은
이 땅의 보수주의자들이여
아주 가까운 시일 안에
하나의 민족으로

하나의 국가로
통일이 될 텐데……

정말로 소도 가는데

정말로 소도 가는데
관료도 가고 기자도 가고
종교가도 가고 예술가도 가고
재벌도 가는데
정작 가야 할 사람은 가지 못하네
아무리 생각해도
백성의 정부가 맞는 말이지만
국민의 정부가 들어선 지
반 년이 흘렀건만
정작 가야 할 사람들
이 땅의 백성은 가지 못하네
통일의 중심이 돼야 하는
이 땅의 백성은 가지 못하네

이산가족 중의 한 사람이

고향을 가기 위해
오늘밤엔
꿈이라도 꿔야겠다.
오늘도 어제마냥 고향길이
멀게만 느껴지는데
천리가 지척인 양
꿈에서는 고향길이 얼마나
가까운지 몰라
오늘밤은 추석 전야인데
꿈이라도 꿔야겠다

만약 통일이 온다면 이렇게 왔으면 좋겠다

여보야
이불 같이 덮자
춥다
만약 통일이 온다면 이렇게
따뜻한 솜이불처럼
왔으면 좋겠다

남남북녀

여보야
우리 만나 얘기 좀 하자
우리가 얘기하기에는
힘이 있다는 사 개 국가의
영어가 필요없고 러시아어가 필요없고
중국어가 필요없고 일본어가 필요없는
그 모든 국가의 말도 몰라도 된단다
그러니깐
여보야
우리 얘기 좀 하자꾸나
우리가 얘기하기엔 통역이 필요없잖니
여보야

여보야 우리 같이 살자

여보야
우리 같이 살자
삼십육 년의 수감생활 끝에 풀려난
미전향 장기수 양희철씨와
서른살 연하의 처녀 약사 김용심씨가
오늘 결혼식을 올리듯
나이가 문제가 되리 남남북녀가 문제가 되리
단단하게 잠긴 휴전선의 빗장문을 활짝 열고
열리지 않을 듯한 차가운 마음의 문도 활짝 열고
단칸방이지만 집을 마련하였으니
간섭만 하는 시아버지와 시어머니
말만 많은 장인과 장모는
알고보니 우리의 일가친척도 아니더구나
여보야
우리 같이 살자

밥, 그 밥 한 그릇의 사랑이여 용서여

여보야
밥 안 먹었지
이리 와서 밥 같이 먹자
김이 난다 식기 전에 얼른 와서
밥 같이 나눠먹자
마주 보면서 밥 같이 나눠 먹으면
눈빛만 보고도
지난 오십 년 동안 침전된 미운 앙금은
봄눈 녹듯이 녹아 내릴 것 같애
우리 서로 용서가 될 것 같애
여보야
밥 안 먹었지
이리 와서 밥 같이 먹자
밥, 그 한 그릇의 사랑이여 용서여

지구촌에 하나 남는 당신

이십일세기로 접어들자마자
보다 강한 나라로 만들겠다고
큰소리를 치는 나라에서
모든 나라가
하나로 세계화로 나아가자고 외친다
바야흐로 무한경쟁시대라고 한다
무한경쟁시대로 나아가면
결국에는 영락없이 하나가 남는 것
지구촌에 하나 남는 당신

먹이와 미끼

먹이와
미끼는
어떻게 다른지
먹이와
미끼는
같은 먹거리인데
먹이는 좋고
미끼는 나쁘다
왜
벌레 먹은 먹이와
항생제 표백제 방부제 살충제 등과 같은
농약을 담뿍 뿌린 매끈한 미끼
그것이 다른 것이다

이 땅의 점령군

이천이년 십일월 삼십일 오후 여섯시
미군 장갑차에 무참히도 깔려 숨져간
신효순 심미선 양을 위한
광화문에서의 추모 촛불시위
그 순간부터
미8군은 주둔군이라 생각하지 말자

이 땅에 밀가루를 퍼 줄 때부터 그들은 주둔군이 아니었다
이 땅에 발을 내디딜 때부터 그들은 이미 점령군이었다

날카로운 이빨을 드러낸 세파트
그 미쳐 날뛰는 세파트에게는
금방 삶은 뜨거운 조선무가 딱 알맞은 약이란다

별이 많이 생겨났네요

이십일세기로 들어서서
정말 오랜만에 밤하늘을 쳐다보네요
저것들 보세요
이십세기에서 못 보던
유난히 반짝반짝거리는 새로 생긴 저 별들
아마도 저 별들은
이십일세기로 들어서서
첫 번째 전쟁이자 새로운 전쟁에서
무차별 폭격으로 죽은
아프간 사람들의 영혼일 거예요

전쟁만큼은 예술이 아니에요

깊고 넓은 경지로 간
모든 것에 대해 우리들은
이건 정말 예술이에요 합니다
그러나 아무리
전략적이고 물량적이고 파괴적이고
많은 사람들이 희생이 되어도
전쟁은
지나간 전쟁도
지금의 전쟁도
앞으로의 전쟁도
예술이 아니라는 것을 알아야 합니다

전 갈

강한 독을 지니고 있는 전갈도
큰 동물에게는 강한 독으로
작은 동물에게는 약한 독으로
에너지 사용효율화를 실천하고 있는데
하물며
쌀 미(米)자인지 꼬리 미(尾)자인지로 통하는
미국이라는 나라는 어찌된 셈인지
이제껏 만들어 놓은 재래식 무기를 정리하는 차원에서
더 강하게 더 세게 더 날쌔게
피도 눈물도 없이
무자비하게 이라크를 공격하려고
시간만 재고 있으니
이를 어이할꼬
'닭을 잡는데 어찌 소 잡는 칼을 쓰리'라는 속담도 있는데

엇 먹어라 엇 먹어라

서 울

서울은 음(陰)이다
거대한 고래 보○다
그 많은 사람을 넣어도
다 차지 않은
서울은 음이다
거대한 고래 보○다

무제 유제 1

반도를 떠나겠다는 자
양주 마시고

반도를 떠날까 말까 하는 자
소주 마시고

반도를 떠나지 않겠다는 자
막걸리 마신다.

유 감

해마다 이맘때가 오면
불우이웃돕기 운동이 반도에 유행가처럼
번진다
낙타가 바늘귀로
손쉽게 빠져 나가는 기분으로
모 재벌이
억대를 내놓으면
중앙지 정치면에 특호 활자로
사진과 함께 크게 취급해 주지만
리어카를 끄는 어느 착한 노인이
보름 동안 푼푼이 모은 기천 원을
병아리 알을 까고 나올 만큼
훈훈한 호주머니에서 털어놓으면
6호 활자로나마도 취급해 주지 않는다

부자의 억등에 가려
빛을 잃은
빈자의 외로운 일등

또 하나의 도그머

이사온 지 얼마 안 된
우리 동네
빈터에는
간밤에 천막교회가 또 하나 생겼다
지금은 초라한 천막교회지만
쬐금만 있으면 슬라브나 벽돌로
뾰족탑이 서겠지
그곳에는
또 하나의 복음이 있겠지
또 하나의 천당이 있겠지
또 하나의 지옥이 있겠지
또 하나의 사랑이 있겠지
또 하나의 은혜가 있겠지
또 하나의 축복이 있겠지
또 하나의 성령, 성신, 성자,
또 하나의 십자가, 십자가, 십자가,
이 모든 것은 하나인데
지금은 초라한 천막교회지만
쬐금만 있으면 슬라브나 벽돌로
또 하나의 십자가에 못박힌
예수의 동상이 세워지겠지.

편 지

눈 내리는 호남선도 좋고
비 내리는 고모령도 좋고
엿쟁이 마음대로 엿가락을
늘어뜨려도 좋지만
이 시대와 나와의 관계는 매우 매우
불편하고 좋지 않은 관계임
시내로 나온 나는 얻은 것 없지만
많은 것을 잃어버렸음
그렇지만 나는 잃어버린 것을 위하여
살지 않으려 하오
잃어버렸으면 잃어버린 만큼 나는 텅 비어 있음
한결 가볍소
텅 빈 것에서부터의 출발

엿먹어라 엿먹어라

엿먹어라 엿먹어라
신부도 수녀도
목사로 장로도
불제자도 보살도
상공인도 노동자도
농민도 배타는 자도
이 시를 읽는 독자도
읽다가 덮어버리는 비독자도
아아 12월 중 가장 잔인한 달 4월도
엿먹어라 엿먹어라
내가 진실로 진실로 너희들에게 이르노니
다시는 물로서 심판하지 않으리니
그 징표로써 일곱색깔의 민주주의가
아닌 찬란한 무지개를 띄우리라
이것이 너희들에게 줄 수 있는 약속이니라 하셨든
성경에 씌어진 하나님 말씀을 믿지 않은
여기에 사는 신구교 신자들도
엿먹어라 엿먹어라
성고문으로 인하여……
그러나 상고심을 포기한 권양 이외에

여기에 사는 모든 여자들도
문학, 문학뿐이랴마는
시는 그 시대에 정직성으로 아파해야 하고
내일에의 성실성으로 책임을 져야 한다고
아직도 카랑카랑한 목소리로 강의를 하시는
내가 알고 있는 노교수 이외
콩나물 머리숫자만큼 많은 이 나라
박사들도
엇먹어라 엇먹어라
이 글이 시가 될 수 있다 없다
시에 대한 모욕이다 아니다 하면서
시시끌끌 시비를 거는 자도
엇먹어라 엇먹어라
신문이 텔레비보담 조금 낫다는 자도
엇먹어라 엇먹어라
추상 같은 호령에 절대복종을 하지 않으면 안 되는
약 만여 명이나 되는 전투경찰대원들을 뺀 이 나라
이 나라 백성들이라면
전부
엇먹어라 엇먹어라

시인 천상병

우리 나라에서 살아 있는 시인 중
먼저 생각나는 천상병 씨
당신 부인은 아침이면
생활비 번다고 변함없이
출근하지만
출근하기 전에
당신이 누운 머리맡에
당신이 좋아하는
우리 나라 술
막걸리 한 병을 사놓고 간다더이다
오오
믿음이여

지 구

지구는
참으로
거대한 신전이다

우리다운 것도
우리답지 않은 것도
살고 있는,
죽지 않는 무덤이다.

사람다웁게

파리 목숨은
파리 목숨이오

개값은 한때
개판으로 되었지만

사람은 사람다웁게
살아야 하느니!

약

약 한 알 먹고 꽃웃음
물 한 모금 마시고 꽃웃음

약 두 알 먹고………
물 두 모금 마시고………
약 세 알……… ………
약……… ……… ………
물……… ……… ………
약은 세상처럼 쓰고
물은 시인처럼 싱겁다

이발소 주인 박씨

나는 한 달에 한 번 두 녀석과 함께
가포에 갑니다
이 곳은 십 년 전만 해도
이 고장의 유일한 유원지로서
해수욕장이었습니다만
지금은 독수대로 폐쇄된 곳입니다
마창버스를 타고 그곳으로 가는 것은
바람을 쏘이러 가는 것도 아니요
작품을 구상하기 위해서도 더욱 아닙니다
그 곳에는 요금이 싼 이발소가 있기 때문입니다
어른은 팔백 원 아이들은 사백 원입니다
지금은 백 원씩 인상이 되었지만요
내가 그 이발소 단골이라 그런지
풀빛에서 나온 시집을 기증해서 그런지
갈 때마다 인상된 요금을 받지 않습니다
오천 원을 넣고 가면 나와 두 녀석의
이발비를 제하고도 녀석들이 좋아하는
짜장면을 사주고도 여분이 남습니다
 제가 이렇게 한 달에 한 번 그곳에 찾아가는 것은 그것만이 아니라

그 이발소 주인 박씨는 부업으로 인근에
벌을 기르고 있습니다.
 그런데 언제부터인지 박씨는 치료비는 받지 않고
 가난하고 병든 사람들한테 벌침을 놓아주기 때문인지
도 모릅니다.

마산 그 창동의 허새비

다시 의미 있는 도시가 된
이 고장의 자랑스러운 창동 네거리
그 십자로를 중심으로 하여
반경 오백 미터는
당신의 영역이다

여기서 태어났는데
여기서 노래하다가
여기서 죽겠다는 다짐
그러니깐 반경 오백 미터 이 거대한
영역은
당신의 무덤이다 부활이다

서울의 그 누군가를
명동 백작이라 했던가
당신은 창동 공작이라 하던데

아니다 아니다
당신은 분명
창동 허새비다

봄에 되살아나
겨울 논두렁에 활활
불태워지는 활활 부활이다
마산, 그 창동의 숨쉬는 허새비다.

우리는 오늘 그대 곁으로 간다

우리는 오늘 그대 곁으로 간다
너무도 싱싱하고 화창한 이른 봄날
일찍이 열사의 반열에 당당하게 올라있는
김주열 열사
그대가 태어나 자라고, 그러나 안타까운 것은
꽃망울도 터뜨리지 못하고 현대사에
한 획으로 기록된 그대가 잠든
남원시 금지면 옹정리 금정마을 우비산 기슭에
과거로 거슬러 올라가 우리는 분명 떠나보내지 않았지만
힘있는 그 누군가에 의해 그대의 그 처참한 시신을
무엇이 급해 똥줄이 탔는지 누가 볼세라 누가 알세라
칠흑 같은 야음을 틈타 국립요양소 소속
앰뷸런스에 짐짝 취급하듯 제대로 염도 하지
않은 채로 실고간 후 얼마 만인가
실로 삼십구 년 만에 우리는 그대 보러
남원으로 달려간다
지난날 돌이켜보건대
우리들은 숨죽이는 시간들이 얼마나 많았던가
말을 할 수도 그림을 그릴 수도 노래를 부를 수도

과연 이 말을 이 그림을 이 노래를
 하여도 그려도 불러도 괜찮은지를
 먼저 생각해야 하는 변명 아닌 변명으로 세월이 흘러
갔구나
 부끄럽구나 민망하구나 죄송하구나
 그대의 맑디맑은 혼과 용광로보다 뜨거운 불
 그 거룩한 혼불은 우리가 사는
 따뜻한 남쪽 고장을 두고
 그대의 시신만이 안장된 곳으로
 그리하여 죽음의 안개를 뚫고 살아있음의
 순수함이여 순수함의 분노여
 그대의 혼불은 그래서 제이의 삼일오가 되고
 사일구의 기폭제가 된 것을
 오 민주주의여
 우리는 오늘 마침내 그대 곁으로 간다
 경상도와 전라도를 경계선으로 한
 파랑재란 고개를 넘어 우리가 가지고 가는 것은
 강대국들이 갈라놓은 남북이 아니라
 정치꾼들이 찢어놓은 동서가 아니라
 정당성을 들라 하면

그대가 잠든 무덤 앞에 놓아드릴 선물 하나
옛날옛적 마한 진한 가락국부터
우리 어머니들이 직조한 삼베 한 필
동서남북을 상징하는 씨줄과 날줄
면면히 이어져 온 그 씨줄과 날줄로 직조된
삼베 한 필
받으소서 그리고 고이 잠드소서

없 다

번개시장에는 번개가 없고,
붕어빵에는 붕어가 없고,
국화빵에는 국화가 없고,
정치판에는 정치가 없네

짝수라는 숫자보다 홀수라는 숫자가

어릴 때부터 나는 숫자개념이 희박하다는 것을
알고 있었습니다
그래서인지 지금까지도
돈의 개념마저 희박하여 돈 버는 데도
재주가 없나 봅니다
그러나 내게도 좋아하는 숫자가 있습니다
이보다는 일이 좋고 사보다는 삼이 좋고
육보다는 오가 좋고 팔보다는 칠이 좋고
십보다는 구가 좋은 건 어쩔 수 없습니다
그 이유는 홀수라는 숫자보다 짝수라는 숫자가
완전숫자라는 선입관이 들어서인지 몰라도
불완전한 숫자인 홀수라는 숫자는
완전성으로 나아가려는 과정이란 생각이 드니
그래서 좋아하는지 모르겠습니다

이제는 나도 서정시를 쓰고 싶다

이제 나도 서정시를 쓰고 싶다
오늘부터라도 아니 지금 당장 책상 앞에 앉아
그 아름다운 우리나라 글을 가지고
왜 서정시를 쓰고 싶은 마음이 없겠느냐마는
작년에 나온 시집 발문을 써주신 김규동 선생의
말씀이 아니더라도
좋은 세월이 오면 (그것이 언제 올지 어떨지는 아무도
예측 못하지만) 시인인 저자 역시 누구든지 읽어서 흥이
나고
또 즐거워할 시를 얼마든지 써낼 것이다 나는 그것을
믿으며 믿는 바다
이제 나도 서정시를 쓰고 싶다

신문과 신문지

신문과 신문지가
어떻게 다른가 하는 것을
단순하게 말하라
읽을 거리 볼 거리가 있는 건
신문이고
먹고 난 자장면 빈 그릇을 덮어
대문 밖에 내어 놓는 것이 신문지다

말을 해야 해요

부 인

입 벌린 과일집 주인이
졸고 있을 때
기이하게도
능금 한 알을 사러온 부인은
한 개 더 사타구니 사이로
넣는 것이다.

현대는.

창동 네거리 Ⅲ

아무도 짝 지을 수 없는 혼자로
옷깃을 여미고 고개 숙이고
이국의 어느 낯선 거린양
창동 거리를 걸어가다가 뒤를 돌아본다

그것은
이상한 웃음소리를
들었기 때문이다

이렇게 숱한 사람들이
오고가는 거리지만
개아미 한 마리 실종 되어도
슬퍼할 사람 한 사람도 없고

진열장 속에 서 있는 마네킹마저
외면해버릴 텐데

이렇게 지구의 회전이 잦으면 잦아질수록
사람 사람 사람들의 가치는 하락되고

나 아닌 나의 가치도 하락되어 간다

아- 그래서
내가 네가 될 수 없고 네가 내가 될 수 없는
나는 하나의 고독한 원자.

나 는

나는 초지일관으로 말을 하면
당신네들은 좆이 일관으로 알아 듣고

다시 나는 초지일관으로 말을 하면
당신네들은 다시 좆이 일관으로 알아 듣고

또 다시 나는 초지일관으로 말을 하면
당신네들은 또 다시 좆이 일관으로 알아 듣고

4 월

4월은
밭갈이하는 데
가장 적당한 달
암내 품은 암소는 건너마을로 쫓아버리고
밭을 갈아야 해요
깊게 깊게 갈아 엎어야 해요
힘센 황소 고삐를 단단히 잡고는
밭만 갈면 되어요
단단히 잡은 황소 고삐를 잡고
밭이랑을 지나노라면
지렁이가 꿈틀대며 여기저기서 나올거예요
그러나 밟지 마세요
아아 풍성한 씨앗을 키울 토양은
지렁이를 얼마나 좋아하는 지 아시기나 하세요
밭만 갈면 되어요
깊게 깊게 갈아 엎으세요
힘센 황소 고삐를 단단히 잡고는
밭만 갈면 되어요

나는 시인인가

일 년에 한 번인가
원고 청탁을 받고
허둥대며 시를 쓰는
나는 시인인가?

서푼어치도 안 되는
원고료를 받고야
시를 쓰는
나는 시인인가?

사는 정치를 못하는 재주
그 재주를 가지고
시를 쓰는
나는 시인인가?

시인이 아니라 하면서
시가 나오지 않는 날은
소주병만 비우는
나는 시인인가?

시를 썼으면
그걸 그냥 땅에 묻어 두거나
하늘에 묻어 둘 일이거늘
부랴부랴 발표라고 하고 있으니
불쌍하도다
나여 하는
시인 정현종씨를 생각하는
나는 시인인가?

번개식당을 아시나요

자유를 수출한다는 지역이 아닌
수출을 자유롭게 한다는 지역에서
일하는 그녀들의 이름은
당국에서는 근로자라 부르고
노동청에서는 노동자라 부르고
누구는 기능공이라 부르고
누구는 산업전사라 부르고
누구는 여종업원이라 부르고
누구는 여공이라 부르고
누구는 공순이라 부르는데
그 지역 정문 아닌 후문에
정오만 되면 어김없이 나타나는
이동식 포장마차 대열
거기에 차려놓은
번개식당의 다양한 메뉴
1분 막국수 2분 짜장면 3분 김밥

어느 하릴없는 시민이 사진을 찍어
이 지방 신문에 게재되니
그로부터 며칠이 지났을까

포장마차 대열은 아팟치족에게
쫓겨났는지 퇴근시간이 지나도록
영영 나타나 주지 않더이다

수출을 자유롭게 한다는 지역의
후문에는 쥐죽은 듯이 조용한 가랑비가
내리고 있더이다

그이는

이불 속에서 만세 부르는
의인이 있다

이불 속에서 만세 부르지 않는
의인이 있다

이불 속에서 만세 부를까 말까 하는
의인이 있다

이불 속에서 만세는 안 부르고 자꾸만 웃는
의인이 있다

이불 속에서 만세 부르지 않고 자꾸만 우는
의인이 있다

이불 속에서 만세는 부르지 않고 소주만 비우는
의인이 있다

이불 속에서 만세는 부르지 않고 염불만 외우는
의인이 있다

이불 속에서 만세는 부르지 않고 잠도 자지 않는
의인이 있다

이불 속에서 만세는 부르지 않고 잠만 자는
의인이 있다

이불 속에서 만세는 부르지 않고 꿈만 꾸는
의인이 있다

이불 속에서 만세마저 부르지 않고 죽어간 죽어간
의인이 있다

말을 해야 해요

말을 해야 해요
말을 해야만 해요
해마다 어김없이 찾아온 봄의 문턱에서
임금님의 귀는 사람의 귀가 아니라 해야 해요
그러나 말을 잃었어요 말을 잃었는걸요
귀는 멀쩡한데 왜 말을 잃었을까요
말을 찾아야 해요 잃어버린 말을 찾아야 해요
말을 찾으려면 두엄덩이를 파헤쳐야 해요
썩은 똥덩어리를 헤집어야 해요
거기서 신비로운 말알을 발견해야 해요
새순이 돋아난 말알을 가슴에 품어야 해요
그러면 닫혀진 가슴문은 열려질 거예요
말문은 저 봇물 터지듯 터질 거예요
그러나 참으세요 말을 하기 전에
저자거리로 나와야 해요
꾀죄죄한 이불을
걷어차고 나와야 해요
나와서 새롭게 찾아온 봄의 문턱에서
임금님의 귀는 사람의 귀가 아니라 해야 해요
길가에 버려진 돌멩이가 먼저 말을 하기 전에

말을 해야 해요
말을 해야만 해요

인간선언

A : 이봐! 자네 무엇이 되고 싶다 했지?
　　무엇을 하고 싶다고 했던가?
B : 하고 싶다고 했지!
A : 되고 싶다나 하고 싶다나 마찬가지잖아?
　　그래 판사? 검사? 변호사? 교도관?
B : 아니 판사도, 검사도, 변호사도, 교도관도……!
A : 그럼 성직자?
B : 성직자가 되고 싶었던 순수한 시절은 있었지
A : 그럼 정치가?
B : 이 나라 국민치고 정치의 그 막강한 권력에 매력을 안 느껴 본 사람은 없을걸? 허지만……!
A : 그럼 재벌?
B : 우리나라 재벌은 재벌이라 부르기엔 부끄럽잖아? 장사치라고 부르는 게 낫지!
A : 그럼 예술가?
B : 그 중에 시인도 포함되겠지 나도 시라는 형식을 빌어 글을 쓰곤 있지만 예술가라고 자부해 본 적은 없어 앞으로도 없을 거야! 양심을 도매금으로 넘겨 주는 창부는 되기 싫어!
A : 그럼 언론인?

B : 기름이 번져 비대해진 그 누구인가 몹시 앓다가 고혈압으로 넘어짐으로 말미암아 포주로 전락해 버린 그 무관의 제왕 말인가?

A : 그럼 아이 아버진?

B : 누구보다 아이는 좋아하지! 성장하는 생명의 신비감! 만약 이 세상에서 그 생명의 신비감이 소멸되면 이 세상은 끝장이야! 암 끝장이고 말고!

A : 그럼 평범한 존재라도?

B : 그 참 좋은 말을 했군! 그러나 나 말일세, 평범한 존재가 되려고 무척 노력했었지. 지금도 노력하고 있지만, 부모가 형제가 스승이 선배가 후배가 친구가 이웃이 현실이 이 사회가 그렇게 만들어 주었나, 어디 한번 묻고 싶네! 어리석은 질문이네만……!

A : 그럼 무엇을 하고 싶나?

B : 말하지! 선언을 하고 싶네!

A : 선언을?

B : 그래, 인간선언! 나는 너를 향해 너는 나를 향해 인간선언을 할 때가 왔네! 지금이라도 늦지 않았으니 인간 이상의 신이 아닌, 인간 이하의 동물도

아닌, 인간 본래의 위치로 돌아가기 위한 인간선언을 하세! 아아, 인간선언을……!

A : ……?

애국자

빛이
어둠을 사르는
새벽이었다.

문틈에선가
창틈에선가
벽틈에선가
나의 침실 깊숙이 파고드는

동포여!
하는 소리에 매력을 느끼다가
다시 한번 귀기울여 들어 보니

똥퍼여?
하는 소리라
나는 두번째 깊은 잠에 취해 버렸다.

헌법 제1조

우리나라는 민주공화국이다
그렇다!

우리나라는 민주공화국이다
그렇다니깐!

우리나라는 민주공화국이다
그래……

우리나라는 민주공화국이다
……그래

우리나라는 민주공화국이다
……허긴 그래.

저 항

끓는 물에
조개를 넣으면
아가리를 벌리듯
내 가장 아끼는
선배 한 분이
그렇게 살아가라고
말씀하셨다.

소인들

아서라
다친다
소주나 까자

뒤돌아보기 없기다
좌우로 살피기 없기다

아서라
다친다
소주나 까자.

지금 우리들의 손에는

묵주가 쥐어져야 할 손에는
폰이
염주가 쥐어져야 할 손에는
폰이
십자가가 쥐어져야 할 손에는
폰이

침묵시위

1

초복에 그들이
일개소대 숫자만큼 모여
행진을 합니다

중복에 그들이
일개중대 숫자만큼 모여
행진을 합니다

말복에 그들이
일개대대 숫자만큼 모여
행진을 합니다

세 번의 복 그 사이사이에도
일개분대 숫자만큼 모여
행진을 합니다.

2

우리들은 개랍니다
성대를 잃어버린 개라는 동물입니다
우리들의 주인님들이 우리의 성대를 정말 끔찍하게 절제수술해 버렸답니다 우리의 성기보다 더 소중한 성대를 철철 남아도는 엽전으로 그만 장난인지 연습인지 그런 몹쓸 짓을 저지르고 말았답니다
그래서 우리들은 우리들의 주인님들이나 우리의 성대를 아낌없이 미련없이 절제수술을 집도한 의사선생님을 복날에 우릴 패듯이 그렇게 패야 하겠기에 행진한답니다 허긴 씨 없는 수박이 있기야 있지마는 성대를 절제 당한 우리들은 짖지 못하는 가엾은 가엾은 그런 그런 개들이랍니다.

3

나의 전생은 대한민국 ○○남도 ○○군 ○○읍 ○○리에 살았던 사람 사람 사람이에요

수 의

저승 갈 때 입는 옷 말입니다
그 옷에는
호주머니가 없다는 것을
이제서야 알게 된 것이
정말 다행입니다

사라진 낱말 하나

이십일세기 들어서서
이 세상에서 사라진 낱말 하나 있습니다
인도주의
영어 발음으로는
휴머니즘

이선관 시집에 붙이는 글

- 두밀리 소나무 자연학교
  교장 채규철

이선관은 마산 사람이다. 머리털 나고 단 한번도 마산밖을 떠나 살아본 적이 없는 순종 마산 토박이다.

그는 뇌성마비 장애인이다. 고로 그는 말하는데, 글 쓰는데 좀 불편을 느낀다. 그러나 그는 할 말을 다 하면서 산다.

그는 가난하다. 고로 그는 지금도 10만원짜리 월세 단칸방에서 산다. 그러나 그는 삼십년 동안 단 한번도 자기의 직업을 바꿔본 일이 없는 전업 시인이다. 시는 이선관의 밥이다. 그래서 그는 시를 쓴다.

이선관 시인은 오로지 한가지 신념으로 자기의 인생을 살아간다.

"펜은 칼보다 강하다"는.

1970년대 시인들을 무차별 도살하는 암울한 시대에 그는 마산 앞바다를 지키는 작은 등불이였다.

가수 조영남이 육군본부에서 각설이 타령을 불렀다가

혼줄이 나고, 작곡가 신중현이 박정희 찬가를 거절했다고 치도곤이를 치루고, 영화감독 이장호가 별들의 고향을 만들었다가 곤욕을 당하는 전대미문의 암흑시대에 살았다.

시인 김지하의 "오적" 때문에 "사상계"가 폐간된 죽은 시인들의 도시에서 살았던 때였다.

사상계는 교수대의 이슬로 한 역사의 장을 마감했지만 그래도 할 말은 해야하지 않느냐?고 모인 사람들-장준하, 계훈제, 김동길, 김용준, 한승헌 등등-이 함석헌 선생을 벌모로 잡고 시작한 잡지가 "씨올의 소리"였다.

당시 편집위원을 맡았던 필자와 여러분들의 다수 의견에 의하여 다음 5월달에는 5·16 특집을 내기로 정했다.

함선생님은 "5·16을 어떻게 볼 것인가?"를 썼다. 그 달 5월호는 박선균 편집장의 게릴라작전에 의해서 선생님의 글은 검열에서는 빼고 인쇄할 때 끼워넣기로 했다. 이 글이 인쇄소에서 걸렸다. 인쇄는 됐는데 제본을 할 제본소가 없었다.

마침 장준하 선생님 사모님이 책 접지를 하실 줄 안다는 것이다. 박선균 편집장은 통행금지 해제와 함께 잡지 인쇄물을 빼돌려 장준하 선생님 댁으로 갔다.

그 잡지는 제본없이 절단도 없이 호치키스로 찍은채 정기구독자와 일부서점에서 마약밀매하듯이 보급됐다.

또 다시 "씨올의 소리" 폐간을 고하는 조종이 울릴 무렵 멀리 마산에서 이상한 '시' 한편이 날라왔다. 제목은 "대한민국 헌법1조"였다.

> 대한민국은 민주공화국이다.
> 그렇다.
> 대한민국은 민주공화국이다.
> 그렇다니까.
> 대한민국은 민주공화국이다.
> 그럴까
> 대한민국은 민주공화국이다.
> 허긴 그래

이런 엄청나게 불량한 시 한편이 배달된 것이다. 바로 그 시의 장본인이 이선관이었다.

편집장 박선균은 그날부터 고민하기 시작했다. 이 시를 "씨올의 소리"에 실을 것이냐 말 것이냐?로.

엄청난 수난을 각오하고 박편집은 선생님과 상의하고 실었다.

나는 그가 시집을 보내줄 때마다 감사의 표시로 하룻밤 사이에 다 읽어준다.

이선관은 내가 마산 쪽에 강의하러 가면 순진한 중학생처럼 청중들의 맨 뒷좌식에 암전히 앉아 열 번이고 스무 번이고 내 이야기를 경청해 준다.

이렇게 우리는 힘들 때 땀을 닦아주고 슬플 때 눈물 닦아주는 손수건같이 형과 아우같이 살고 있다.
 이선관을 모르면 마산사람이 아니다.
 이선관을 모르면 대한민국 백성이 아니다. 그들은 간첩이다. 간첩이 안되려면 이선관 시집은 꼭 한번 읽기를 바란다.
 365일 거짓말만 하는 얼빠진 선량들의 글이나 먹물들의 분바른 창녀들의 글보다 평생을 시쓰는 일로 살고있는 마산 앞바다의 파수꾼 이선관의 혼이 담긴, 잊을 수 없는 시 한구절을 일독하기를 바라면서 필을 놓는다.

> 2004년 1월 6일
> 새벽 경기도 광주에서

이선관의 사랑법

― 전국귀농운동본부장·녹색연합 공동대표
이병철

여기, 이 땅에 한사람이 있다.

온 몸으로, 온 존재로 시를 쓰는 사람. 시가 그의 밥이 되고 그의 삶이 되고 그의 존재인 사람. 시 쓰는 일 말고 달리 할 일이 없고, 할 수 있는 일이 없는 사람. 그가 시인이고 그만이 시인이다. 이 땅에는 시를 쓰고 노래하는 많은 사람들이 있지만 그들을 모두 시인이라 부를 수 없는 것은 여기 그 한사람의 시인이 있기 때문이다. 그 한사람이 이선관 시인이다.

시를 말하면서 시인을 말하지 않는다면 그것은 그 시가 사기인 까닭이다. 시가 말장난이 아니라면, 단지 언어의 유희나 기교가 아니라면 어찌 그 시를 노래한 사람을 말하지 않고 그 시를 이야기할 수 있겠는가.

시인 이선관(李善寬), 42년에 물 맑던 마산에서 태어나 죽어가는 마산 앞 바다를 바라보며 그 마산의 지킴이로 자처하여 평생을 아픈 몸을 안고 시만 써 왔고 시에

의지하여 살아온 사람, 그도 이제 우리 나이로 예순 셋이 니 여태껏 용케도 잘 살아온 셈이다.

　이선관, 그는 아픈 사람이다. 태어나서 젖먹이 때부터 그는 앓아왔고 육십이 넘은 지금도 아프다. 그의 존재가 아프고 그의 삶이 아프다. 아픈 까닭에 생명에 대한 감성이 유난하다. 자신에 대해서 뿐 아니라 상처받고 고통받고 죽어 가는 것에 대해 민감할 수밖에 없다. 남보다 먼저 반응하고 남보다 크게 앓는다. 그의 온 몸이 예민한 촉수다. 그래서 감각이, 생명감성이 둔감한 사람이 느끼지 못하는 통증에 먼저 앓고 함께 앓고 크게 앓는다. 동체대비(同體大悲)라 했던가. 부처가 중생의 아픔을 함께 앓는 것은 그 둘이 한 몸인 까닭이다. 그의 다른 생명에 대한 감성이 그러하다. 이른바 문학이란 생명사랑, 인간사랑에 부응하는 게 그 본연의 임무라고 한다면, 그래서 시를 쓴다는 자체가 생명의 옹호에 부합되는 것이라고 한다면 이선관의 시가 바로 그 적절한 예가 될 것이다.

　그는 깨어있다. 통증으로 잠들지 못한다. 깨어 있음으로 이 시대가 어떻게 병들어 가는지, 어떻게 사람이 죽어가고 어떻게 자연생태계가 파괴되고 죽임 당하는지를 목도한다. 잠들지 못함으로써 생명의 파수꾼, 환경생태계의 파수꾼이 된다. 그것이 이선관에게 주어진 운명이다. 깨어있음으로써 인간이 사회적 존재, 역사적이고 실

존적 존재 이전에 자연생태적 존재라는 사실을, 다시 말해 이 땅을 떠나서, 모든 생명의 근원인 이 자연생태계를 떠나선 한 순간도 존재할 수도, 살아갈 수도 없는 존재라는 사실을 온 몸으로 체험한다. 저 땅이 병들어 죽으면, 저 바다가, 저 물이 오염되어 죽어 가면 우리 또한 그러할 수밖에 없음을 안다.

우리나라 환경시, 또는 생태시의 효시(嚆矢)라고 해도 좋을 시 「독수대(毒水帶)」(1975)는 잠들지 못하고 아픔 속에 깨어 있으면서 목도한 결과이다. 환경시라는 단어조차 낯설던 70년대 중반, 서슬 푸른 유신독재의 조국 근대화라는 거대한 명제 앞에서 아무도 감히 환경 따위에 대해서는 관심을 가질 수조차 없었던 그때부터 일련의 환경시를 통해 개발독재 아래 죽어가는 강과 바다를, 황폐화되고 있는 조국의 환경을 온몸으로 고발하고 증언해 올 수 있었던 것은 이 때문이다.

> 바다에서/ 둔탁한 소리가 난다./ 이따이 이따이// 설익은 과일은/ 우박처럼 떨어져 내린다./ 이따이 이따이// 새벽잠을 설친 시민들의/ 눈꺼풀은 아직 열리지 않는다./ 이따이 이따이// 비에 젖은 현수막은/ 바람을 마시며 춤춘다/ 이따이 이따이// 아아 / 바다의 유언/ 이따이 이따이.
>
> － 「독수대(毒水帶) 1」 전문

암울의 시대, 조국의 장래를 걱정하던 이들은 유신독

재에 맞서기 위한 민주화 운동에만 매달려 있었고 그 외 다수의 백성들은 이른바 근대화 정책을 통한 풍요의 80년대 그 장밋빛 환상에 잠겨 있을 때 그는 홀로 깨어 푸른 물결이 넘실대던 그 가고파의 바다가 죽임의 폐수가 되고 장밋빛 환상, 그 언약의 무지개 또한 흘러가 버린 것을 증언하고 있다.

어린교(橋) 아래로/ 빨간물이 내려간다./ 이따이 이따이// (중략) // 아아/ 언약의 무지개……!/ 이따이 이따이.
- 「독수대(毒水帶) 2」 부분

생명에 대한 애정과 연민, 그리고 건강한 삶과 세상에 대한 그의 간절한 동경은 죽이는 것들에 대한, 나누고 쪼개는 것들에 대한 맞섬, 그 온 몸의 저항이다. 그가 환경오염이나 핵문제뿐 아니라 이 땅의 민주화를 위해 독재에 저항하고 분단의 아픔과 통일의 꿈을 노래하는 것은 모두 이 때문이다.

시집 『창동 허새비의 꿈』의 책머리 글에서 그는 '나라를 사랑하고 근심하는 내용이 아니면 그런 시는 시가 아니며 시대를 아파하고 세속을 분개하지 않으면 그런 시는 시가 될 수 없다.'는 다산 정약용의 말을 인용하면서 배금주의와 물질주의가 급성질환처럼 만연된 이 시대에 주체적이고 살아있다는 증거를 위해선 아주 적더라도 자기 목소리를 지니고 있어야 함을 이야기하고 있다. 이렇듯 그에게 있어서 시를 통한 생명사랑과 반생명적인 것에 대한 저항은 곧 주체적, 자주적 존재에 대한 치열한 자기확인의 과정이라 할 수 있다. 그래서 그는 30년 이상 일관되게 환경시를 써 온 것처럼 인간의 존엄성을 유린하는 독재체제의 그 억압구조에 대한 저항에도 또한 머뭇거릴 수가 없었던 것이다. 발음이 어눌하여 말조차 제대로 하기 힘든 뇌성마비 장애자이면서도 지난 시기 반체제 시인의 상징이었던 김지하 시인보다 먼저 시국관련 시 때문에 정보기관에 끌려가 고초를 당했던 일화(逸話)는 그의 존재와 그 삶이 어떠했는지를 드러내 주는 한 예라 할 수 있다. 유신독재가 최절정기였던 71년에 쓴 「애국자」라는 시는 그 중의 하나다.

> 빛이/ 어둠을 사르는/ 새벽이었다// 문틈에선가/ 창틈에선가/ 벽틈에선가/ 나의 침실 깊숙이 파고드는// 동포여! / 하는 소리에 매력을 느끼다가/ 다시 한번 귀 기울여 들어보니 // 똥 퍼여? / 하는 소리라/ 나는 두 번째 깊은 잠에 취해 버렸다.
>
> ─「애국자」전문, 1971

그는 온몸으로 시를 쓴다. 머리와 손끝으로가 아니라 온 존재로 쓴다. 그런 그에게 있어 생태시를 쓰기 위한 생태학적 상상력과 시적 상상의 개념구분이나 결합 등의 논의는 애초부터 불필요한 문제이다. 그 삶이, 그의 존재 자체가 몸으로 느끼고 몸으로 앓고 몸으로 말하는 것이기 때문이다. 그런 까닭에 그에게 있어 시는 언어를 다루는 기술이 아니며 나아가 삶을 아름답게 가꾸는 문화적 작업 또한 아니다. 그가 생각하는 시는 '그 시대의 정직성으로 아파해야 하고 내일의 성실성으로 책임을 지는 것'인 까닭이다. 그에게 있어 시란 신음이며 통곡이며 절규이기도 하다. 그래서 그는 시인이되 스스로 예술가는 아니다라고 말한다. 예술이란 말을 꾸미고 재주를 부리며 화장(化粧)하는 일로서 그건 창녀의 짓이나 같다는 게 그의 생각이다.

이선관 시의 탁월성은 단순성, 그 쉽고 간결함에 있다. 그의 시는 쉽다. 쉽지 않는 건 그의 시가 아니다. 그의 시어 가운데 알지 못하는 단어나 무슨 현학적인 용어나 난해한 대목 같은 게 없다. 우리말을 읽을 줄 아는 이 가운데 그의 시를 읽고 그것이 무슨 말인지, 무슨 소리인지 모를 사람은 없다고 할 정도로 그의 시는 쉽고 간결하다. 그의 시가 이토록 쉽고 간결한 것은 그의 시가 곧 그의 말이기 때문이다.

그의 몸짓이 서툴 듯이 그의 말 또한 무척 어눌하다. 그가 무엇인가를 말할 때 온 몸을 기울여 듣지 않는다면 제대로 그 말을 알아듣지 못한다. 그의 말은 그가 온 몸을 쥐어짜서 출산한 것이기 때문이다. 그런 그에게 그의 말은 곧 그의 시다. 한 마디의 말을 위해 온 몸을 쥐어짜 듯 한 줄의 시를 위해 온 몸으로 쓴다. 그렇다. 그런 까닭에 그의 시는 온 몸으로 읽어야하고 온 몸으로 노래해야 한다.

그의 시가 쉽다는 건 그의 말이 쉽다는 거고 그의 말이 쉽다는 건 그 말이 참말인 까닭이다. 그러므로 시는 그에게 있어 무슨 기교를 부리거나 유희처럼 즐길 수 있는 게 아니다. 자신의 속 깊은 생각을 가장 바르고 손쉽게 전달하기 위한 절실한 수단이다. 그래서 그의 시는 쓸데없는 군더더기가 없다. 이는 꾸미지 않았다는 말이다. 그에게 있어 시는 신음이고 비명이기 때문이다. 화려한 수사나 기교를 철저히 배제하고 누구나 아는 일상에 쓰는 가장 쉬운 단어로 최대한 간결하게 전하고자 하는 알맹이만 표현함으로써 세상에서 가장 쉽고 간결한 이선관의 시가 탄생한 것이다.

그러나 이 단순성 속에, 가벼운 농담처럼 던지는 그 말속에는 날카로운 아픔이 있다. 이 아픔 속에, 신음 속에 이선관은 자기 특유의 유머와 해학을 함께 담았다. 그의 시를 읽고 무심코 따라 웃다가 문득 가슴언저리가 서늘해질 때가 있다. 어느새 날카로운 비수가 목 밑에 다가와 있음을 느끼게 된다. 그런 점에서 그의 시는 두렵다. 『씨올의 소리』 폐간에 일조한 시 「헌법 제1조」나 「애국자」, 「없네」 등의 시가 그것이다.

번개시장에는 번개가 없고/ 붕어빵에는 붕어가 없고/ 국화빵에는 국화가 없고/ 정치판에는 정치가 없네

- 「없네」 전문

그는 마산이라는 변방에 붙박이로 산다. 태어나 이제껏 마산을 떠나 살아본 적이 없다. 마산은 그의 안태고향이자 삶터이며 세상과 우주의 중심이기도 하다. '마산은 항구지만 바다는 없다'고 슬퍼하지만 그래도 그는 누구보다 마산을 자랑스러워하고 마산 시민인 것을 자랑스러워한다. 그 자랑스런 마산 가운데도 가장 중심이라고 할 수 있는 창동 네거리 반경 오백미터가 그의 활동 범위이다. 비가 오나 눈이 오나 그가 아파 몸져누워 있지 않는 한 어김없이 마산의 창동 네거리를 순회한다. 어찌보면 그는 이처럼 창동의 순회를 통해 이 지구를 순례하고 있는 셈일지도 모른다. 창동의 허새비, 마산을 지킴으로써 이 땅 한반도를 지키겠다는 사람, 그가 마산의 지킴이로 자처하며 스스로 붙인 이름이다.

다시 의미 있는 도시가 된/ 이 고장의 자랑스러운 창동 네거리/ 그 십자로를 중심으로 하여/ 반경 오백 미터는/ 당신의 영역이다// 여기서 태어났는데/ 여기서 노래하다가/ 여기서 죽겠다는 다짐/ 그러니까 반경 오백미터 이 거대한/ 영역은/ 당신의 무덤이다/ 부활이다//

- 「마산 창동의 허새비」 부분

그는 그리워하는 사람이다. 시를 쓰고 사랑하는 사람 가운데 누군들 그리워하지 않는 사람이 있을까만 이선관의 그리움은 유별나다. 그의 표정이 그렇고 그의 말이 그렇고 그의 시가 그렇다. 그가 비틀대며 다가오는 걸 보면 마치 그리움이 걸어오는 것 같다.

시 〈어머니〉의 연작은 그의 자서전적인 이야기이다. 이 시를 통해 시인의 지난 삶, 그 절절한 아픔과 애틋한 그리움을 엿볼 수 있다. 돌아가신 어머니를 그리워하고 떠나간 아내를 못내 그리워한다. 그의 그리움은 생명을 가진 것들에 대한 연민과 가슴 따스한 사랑이다. 그래서 그에겐 민족 통일도 무슨 거창한 이념이나 체제의 변혁을 전제로 한 게 아니다. 추운 날 부부가 같이 덮는 솜이불처럼(「만약 통일이 온다면 이렇게 왔으면 좋겠다」), 김이 나는 밥을 식기 전에 얼른 와서 나눠 먹는 밥 한 그릇의 사랑처럼 (「밥, 그 밥 한 그릇의 사랑이여 용서여」) 그런 것이었으면 한다.

　여보야/ 이불 같이 덮자/ 춥다/ 만약 통일이 온다면 이렇게/ 따스한 솜이불처럼/ 왔으면 좋겠다
　　　　　　　　　 - 「만약 통일이 온다면 이렇게 왔으면 좋겠다」 전문

그는 비틀비틀 걷는다. 신체장애로 그의 걸음은 휘청댄다. 그러나 그의 발걸음은 정확하다. 한순간 휘청거리다가도 그가 내딛는 방향은 언제나 똑바르다. 휘청이며

비틀걸음으로 걷는 그 발걸음이 두 팔 다리 멀쩡한 사람들 보다 바른 것은 그가 한 걸음 한 걸음을 혼신으로 걷는 때문이며 한 길로만 걷는 까닭이다.

이선관을 만날 때마다 부끄러운 것은 불구의 몸과 고달픈 그의 지난 삶에도 불구하고, 그리고 물질중심의 이 각박한 세태에서 지나치게 가난한 삶의 조건에도 불구하고 늘 웃음을 머금고 있는 천진하고 밝은 그의 표정과 참으로 선량한 그 모습에 대한 놀라움 때문이다. 무엇이 그의 혼을 그렇게 맑게 하고 인간정신의 선량한 품성과 삶의 너그러움을 잃지 않게 하는지, 그리고 또한 어떻게 그 속에서도 그토록 끈질긴 저항의식과 치열함을 유지할 수 있는지를 생각할 때마다 부끄러워지는 자신을 본다.

이선관의 눈으로 세상을 볼 수 있을까. 이선관의 가슴으로 세상의 아픔을 함께 앓을 수 있을까. 이선관처럼 선하게 웃을 수 있을까.

그의 시가 지닌 깊은 맛을 느끼기 위해선 흥얼흥얼 노래하듯 읊조리며 읽어야 한다. 이선관 시 맛의 진수를, 그 멋과 깊이를 제대로 즐기고 싶다면 이선관처럼 나이 들어도 갈수록 철부지인 노래하는 운동가 고승하와 그의 노래패 '철부지들'의 노래를 들어야 한다. 「꽃씨 하나」, 「동포여」, 「없다」 등 그의 대표적인 시들이 고승하에 의해 노래로 엮어져 불리고 있다. '철부지들'의 노래를 들으면 다시 한번 이선관 시의 참맛을 맛볼 수 있다.
 아마 오늘 저녁도 이선관은 집으로 돌아가기 전에 창동 어디쯤에서 소주나 막걸리 한잔을 마시며 사랑을 고백하고 있을 것임에 틀림없다.

 반도를 떠나겠다는 자/ 양주를 마시고// 반도를 떠날까 멀까 하는 자/ 소주를 마시고// 반도를 떠나지 않겠다는 자/ 막걸리를 마신다.
― 「무제(無題) 유제(有題)」

 행여 이선관이 소주를 마시는 걸 보더라도 그가 이 반도를 떠날까 말까 고민하고 있다는 오해는 말았으면 한다. 그는 반도는커녕 마산 창동조차 떠나지 않을 사람임을 마산시민이 모두 보증하는 것임으로.
 이선관은 그가 만난 사람이 마음에 들면 온 몸을 기울여 이렇게 속삭인다.
 "당신에게 할 말이 있는데... 당신을 사랑합니다."
 나도 이선관을 흉내내어 그를 위한 한편의 시를 쓴다.

〈이선관의 사랑법〉

 그는 아직도 걸음이 서툴고
 그는 아직도 말이 서툴다

한 걸음 두 걸음
혼신을 다해 걸어와

한 마디 두 마디
혼신을 다해 말한다

'당신에게 하고 싶은 말이 있어요.
당신을 사랑합니다.'
나는 그보다 빨리 걷고
나는 그보다 빨리 말하지만

이렇게 사랑을 고백하는 일엔
언제나 그가 빠르다

사랑을 고백한다는 건 한 존재를 바치는 일
혼신으로 고백하는 그대 사랑법 앞에서

내 말은 사랑을 담기엔 너무 가볍고
사랑을 실어 나르기엔 내 존재 너무 가볍구나.

  부디 사랑을 고백할 일이 있으면, 행여 그런 기회가 다시 온다면 그때 당신도 이선관 시인처럼 그렇게 사랑을 고백할 일이다. 온 몸으로 혼신을 기울여 '당신을 사랑합니다'라고.